묵·상·일·기 II

나와 함께 하시는 목자

정규진

도서출판 세줄

가족소개

아빠: 정익주 목사 , 엄마: 박은주 사모 , 형: 정규철, 동생: 정규찬

나 정규진을 소개하자면요?

나는 사사학교(기독교대안학교) 재학생으로 가온누리(세상의 중심에 서서 하나님의 말씀을 전하자고 지은 정말 소중한 우리 사사학교 커뮤니티의 이름. 나와 같은 고등학교 2학년 공동체의 이름정도로 해두자.)에 속해있다(이 소개를 할 땐 언제나 자랑스럽다. 그 누가 뭐라고 해도.).

우리 집에는 사랑하는 그리고 존경하는 목사님이신 아버지와 어머니, 위에는 두 살 많은 형이, 아래에는 한 살 적은 동생이 있다.

이 정도면 나란 사람이 어떤 사람인지 알 것이다.

내가 이 책(이 책을 뭐라고 불러야 할까? 그림일기? 묵상집이라 해야 할까?)을 그리게 된 이유는 다름 아닌 어머니 때문일 것이다.

잘 기억은 나지 않지만 아마 작년 1학기인가 2학기인가였을 어느 날, 어머니께서는 나에게 선물을 주셨다. 분홍색에 토끼가 그려진 두꺼운 노트. 안에는 시험지와 비슷한 재질로 보이는 종이가 가득 있었다.

선물을 주시면서 어머니께서 나에게 말씀하셨다.

'여기에다가 그림을 그리렴.'

그 날부터 나는 그림을 그리기 시작했다. 기쁨과 아픔도, 슬픔도, 아주 솔직하게 그렸고… 내 안에 있었던 어려움들과 문제들도 그리기 시작했다. 무엇보다도 나는 그 것들을 해결하고(그 것이 무엇이든 간에) 내 아픔을 치유하시고 나를 만져주신 주님을 그리려고 노력했다. 그렇다. 하나님과 나의 이야기는 그렇게 이 책에 그려진 것이다. 그 이야기들은 때로는 사람들과의 대화를 통해 간접적으로 주님의 음성을 듣기도 하고 또 기도의 시간에 주님께서 내게 직접 들려주신 음성, 잠잠히 밀려오는 감동에서 얻었다.

그러니 오해하지 않았으면 한다. 따지고 보면 내가 그린 것이 아니라 하나님이 내 머리에 먼저 그리신 것을 난 그저 옮겨 그렸을 뿐이다. 어쩌면 하나님께서 내게 말했던 그대로 당신에게 말씀하시고 싶은 뭔가가 있는지도 모르겠다.

이 책을 통해 위로 받기를 바란다. 주님과 대화하고 위로받기를 바란다. 매일의 삶의 무게에 짓눌려 주님을 바라보지 못하는 이들이 주님을 만나길 바란다.

끝으로, 이 책을 그리는데 도움을 준 어떤 베스트셀러보다 유쾌하고 뜻 깊은 끈끈한 동역자들인 가온누리, 그 어느 누구보다 사랑하는 나의 가족(특히 나의 어머니)들과 이 책이 나올 수 있도록 도와주신 김재헌 목사님과 출판사 여러분들 마지막으로 나와 함께하시고 나와 늘 만나주시는 하나님께 감사드린다.

2013년 12월에.

그 속에 가려진 보화를 보세요

　'살아있는가? 죽었는가?' 는　저희 기독인재 양성의 요람 사사학교가 평가하는 귀중한 잣대 가운데 한 가지입니다. 현대인들은　'잘했는가?, 못했는가?', '성공했는가?, 실패했는가?'를 기준하여 평가하고 있습니다. 즉 기도를 잘했는가? 못했는가? 찬양을..., 예배를..., 대화를...,공부를....대학을 잘 들어갔는가...,사업을....등에 관심이 많습니다.

　물론 '잘했는가, 못했는가' 도 중요하지만 '살았는가, 죽었는가' 가 더욱 중요한 평가기준입니다. 기도가 살았는가..., 찬양이..., 예배가...,대화가...,학습이...등 이러한 관점에서 정규진 님의 〈그림 묵상〉을 보셔야 할 것입니다.

　'잘했는가, 못했는가' 의 관점에서 보면 이 〈그림 묵상〉은 어설프고 때로는 유치할 수 있습니다. 그러나 '살아있는가, 죽었는가' 의 관점에서 보면 심장이 팔딱거림과 그가 살아있음에 반응의 표현임을 감지할 수 있을 것입니다.

　"하나님–인간–세계"의 관계 속에 사는 우리들은 항상 예기치 못한 수많은 사건 속에 휘말리게 됩니다. 매 사건 사건마다 경험해보지 못한 그리고 다른 사람과 전혀 다른 나만의 새로운 사건입니다. 여기에는 인간의 삶 속에는 정형화된 공식이 통하지 않습니다. 세상에서 가르치는 방법은 수많은 사건을 분석하고 정리해 정형화되고 매뉴얼화 된 해결책과 방법을 가르칩니다. 이러할 때에는 이렇게 하고, 저러할 때에는 저렇게 하면 된다는 식입니다. 물론, 이러한 것들은 때에 따라 도움은 되지만, 다른 한쪽에서는 살아있는 경험보다는 죽어있는 정답

형의 성공적인 사람들만 키우게 되는 단점도 있습니다.

독자 여러분들이 정규진 님의 〈그림 묵상〉을 좀 더 잘 볼 수 있는 관점은 다음과 같습니다.

첫째 관점은 "하나님-인간-세계"의 관계 속에서 살아있는 '물음'을 보는 것입니다. 사사학교에서는 이러한 것을 "소아 질문법"이라고 합니다. 정규진 님의 '물음' 속에 하나님 앞과 말씀 앞에서 기쁨과 환희와 감동 그리고 감사가 있는가 하면 때로는 하나님 앞에서 절규, 처절함과 원망과 갈등의 고뇌의 '물음'이 있음을 보실 수 있습니다. 그 '물음'은 자신에 대하여, 타인에 대하여 그리고 사람들과의 관계 속에서 정과 미움과 그리움과 갈등들이 교차되고 있음을 볼 수 있을 것입니다.

둘째 관점은 그가 온 몸을 열고 반응하는 것을 보셔야 합니다. 그의 간결한 글과 단순한 그림 속에 그의 온 몸이 살아있어, 빈감하게 반응하고 있는 것을 보셨으면 합니다. 그의 눈의 동공은 열리고 귀는 쫑긋되고 있으며, 때로는 혀의 맛과 냄새...등 모든 감각기관과 땀구멍까지 열려 있음을 볼 수 있을 것입니다. 사사학교에서는 이러한 방법을 "창문이론"이라고 합니다.

그리고 셋째 관점은 나의 현재의 삶과 꿈속에서는 '나와 너 그리고 우리'를 늘 염두에 두고 있습니다. 내가 좋은 대학에 가서 내가 잘 먹고 잘 살고, 내가 성공적 삶과 내가 입지적인 사람이 되고 싶은 이기적인 '나의 꿈'을 꾸지 않습니다. 이러한 꿈들은 나를 위해 모든 것과 모든 사람 심지어 하나님까지 나를 위해 존재하고 끌어들이는 것입니다. 그러나 정규진 님의 삶과 꿈은 '나는 항상 너' 속에, 그리고 '나는 우리'라는 떨어질 수 없는 구도 속에 있기 때문에 그는 고민과 갈등이 있습니다. 그래서 그에게는 하나님의 부르심 앞에 민족과 교회와 역사 앞에서 무엇을 어떻게 감당할 것인지에 대한 두려움과 기대가 묻어 있는 것을 보실 수 있습니다.

위와 같은 관점으로 보셔야 하는 이러한 것들은 아마 정규진 님이 사사교육을 받으면서 묻어 있는 것들입니다. 그는 사사학교와 뗄 수 없는 관계이기 때문입니다. 사사학교는 위기와 혼란의 시대에 사람을 세우고, 키우기 위해 설립되었습니다. 똑똑하고 탁월한 사람, 성공한 사람, 입지적인 사람은 지금도 많습니다. 그러나 하나님이 찾으시는 신실한 사람은 극히 적습니다(렘 5:1). 지금의 시대야말로 '영성-인격-실력-섬김'을 갖춘 사람이 필요합니다. 문제와 위기가 있는 각 분야마다 군림과 지배가 아닌 섬길 수 있는 기독인재가 필요한 것입니다. 이러한 기독인재를 우리는 '사사'(士師)라 부릅니다.

사사사역은 단순히 사사학교나 청소년교육에 머물지 않으며 나아가 '교육-선교'의 사역을 하고자 함입니다. 주님 오실 때까지 다음 세대를 키워내며, 교회의 교육을 정상적으로 돌려 교회 학교를 살리고, 무너진 가정을 회복하며, 흩어진 부모와 교사들을 재무장 시키며, 그리고 각 곳에 황폐하고 무너진 각 분야를 다시 세우는(RE-BUILD : 사 58:12)일입니다.

사랑하는 독자 여러분, 정규진 님의 〈그림 묵상〉은 산뜻하고 탁월함이 보이기보다는 무디고 어설프고 세련되지 못한 것을 보게 될 것입니다. 그러나 그 속에 가려진 보화와 같은 것이 있습니다. 내면에 꿈틀 거리는 역동성을 보게 될 것입니다. 그리고 지금은 정규진 님이 아직 어리고 미성숙되었지만, 20년 30년 후에, 민족과 교회와 가정을 짊어질 미래의 사역자를 보시면 됩니다. 저자와 같이 신앙과 인격과 실력을 겸비해 나가는 다음 세대가 있음에 우리의 미래가 어둡지 않고, 소망이 있는 것 아닙니까?

여러분들의 계속적인 격려와 사랑과 기도를 부탁드립니다.

2013년 12월 어느 날, 사사동산에서

기독인재의 요람 사사학교장 전 겸 도 목사

진실을 볼 줄 아는 눈

일반 사람들도 사람에게는 세 개의 눈이 있다고 흔히 말합니다. 육안(肉眼), 즉 육적인 눈은 모든 인간이 다 가지고 있고, 아름다움을 볼 줄 아는 심미안(審美眼)으로 오랜 기간 숙련된 사람만이 가진 눈일 것입니다. 좀 더 지혜로운 것을 볼 줄 아는 혜안(慧眼)은 오랜 시간 독서와 경험을 해야 가질 수 있는 참 보배로운 눈입니다. 하지만 이 보다 더 중요한 눈이 필요한데 그것을 우리는 영안(靈眼)이라 할 것입니다. 영안(靈眼)이란 말 그대로 영적인 것을 볼 수 있고 살필 수 있는 눈입니다. 이 눈은 아무리 노력해도 인간의 힘으로는 가질 수 없는 눈입니다. 오직 하나님의, 은혜로 주님의 피로 거듭난 사람만이 가질 수 있는 눈이기 때문입니다.

육안에 심미안과 혜안을 가진 사람을 우리는 난 사람 혹은 된 사람이라고 부를 수 있을 것입니다. 하지만 영안(靈眼)이 열린 사람이 이 세 가지를 가지고 있다면 그는 반드시 '인물'이 될 것입니다. 인재(人才)가 아니라 인물(人物)이 되어야 하나님이 사용하십니다.

정규진 군의 작품을 보면 그가 영안을 남들보다 더 밝게 뜨고 있는 청년임을 확인할 수 있을 것입니다. 작품 하나 하나가 어쩌면 그렇게 밝고 믿음이 가득하며 성경적이며 긍정적인지 확인하게 될 것입니다. 그 옛날 어거스틴이 가졌던 그 '고백' 처럼, 파스칼이 썼던 그 '팡세' 처럼 하나 하나가 고백이고, 기도입니다. 다만 장르가 글이 아니라 카툰이라는 것만 빼고 말입니다.

그런데 정규진 군은 세상이 말하는 장애우입니다. 하지만 그 어디에서도 그 연약함을 찾아볼 수 없습니다. 오히려 더 강한 믿음과 확신과 사랑을 가지고 있습니다. 그래서 이미 갖고 있다고 착각하고 있는 우리를 더 부끄럽게 만듭니다. 처음에, 이 작품을 가지고 아버지가 찾아와 책을 만들 수 있느냐고 물어볼 때 전 전율을 느꼈습니다.

'아! 하나님이 내리신 천사가 우리 가운데 있구나!'

정말, 귀하고 보배로운 존재가 아닐 수 없습니다. 언젠가 제가 참으로 존경하는 장로님으로부터 이야기를 들었는데, 화재로 인해 전신이 마비가 온 한 자매를 전도하려고 애를 썼는데 어떤 방법을 동원해도 복음을 받아들이기는커녕 자꾸 자살을 하려고 했다는 것입니다. 그때 송명희 시인의 시집을 그 자매의 손에 선물로 주었다고 합니다. 그런데 일주일 만에 변화가 일어나서 예수님을 영접하였을 뿐 아니라 뒤늦게나마 신학을 하여 지금은 장애우 공동시설에서 휠체어에 앉아 전도사님의 일을 하고 있단 이야기였습니다.

그렇습니다. 송명희 시인의 경우에도 영안이 열렸기 때문에 자신이 가진 연약한 육신만을 쳐다보며 실망하지 않고 좌절하지 않았습니다. 오히려 자신이 가진 것, 즉 예수님과 복음과 부활과 영생의 소망을 가지고 세상을 부끄럽게 만들었습니다.

저는 정규진 군이 그런 일을 이 책을 통해 시작한다고 믿고 싶습니다. 그래서 강하게 이 책을 추천합니다. 꼭 읽고 보고 그리고 묵상하여 이 책을 더 많은 사람들에게 소개하게 되기를 바랍니다.

2013년 12월 성탄절에

『16살 네꿈이 평생을 결정한다』의 베스트셀러 저자 김 재 헌 목사

목 차

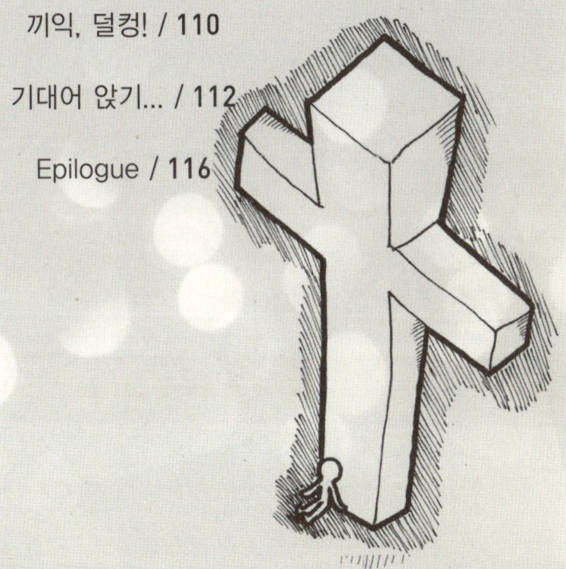

Prologe

이젠 꼭잡고 있지말고
놓아줘 보렴
어두컴컴한 앞날에
절망을 놓아주면
희망을 보게 될거야

걱정을 놓아주면
평안을 느끼게 될거야
미움도,
시기도...

그 모든 것을 놓아 줄 때

그 빛을 볼 수 있을거야...

나, 노래하리이다

이제껏 상처만 주어왔다면
이제 기쁨만 주고 싶어
이제껏 미움만 주어 왔다면
이제는 사랑만 주고 싶어.

더이상 가시 덩쿨로만
살아갈 순 없으니깐
이젠 그리스도의 향기를 전하는
주님 위한 한송이의 꽃이 될 거야.

인생의 풍랑속에
흔들리고
삶 자체를
통채로 삼켜버릴
고난의 파도 속에서
기쁨의 그 순간을

잃어버릴 때...

원했건 원하지 않았건 찾아온 순풍에 잔잔한 바다일 때도
심지어 폭풍 속 험악한 순간에도

잔잔히 하나님만 바라보자.

주님을 찾을 때마다 감사한건
 '함께해 주심' 이야

폭풍도 풍랑도 그 험악한 파도도 언제가 지나고
그속에 있던 소박한 추억들도 지나면

모든 게 끝나고...
이땅에서 주님과의 긴 여정이
끝나면
영원한 구원의 기쁨을 느낄거야
본 모습조차 일그러졌던
우리들은 창조 때의

본래 모습을 찾을 거야.

그 때를 주님은 기다리셔.
항상 감사하고
쉬지 말고 기도하며
모든 일에 불평과 시비가 없고
오직 기도와 간구로...
살아가는 그 순간을
말이야.

그때를 주님은 기다리셔
친구니까... 오래 걸리더라도
기다리시지...
그럼 난 그분에게 이렇게

말할거야.

주님 손잡아 주세요
나 노래하리이다
그 어떤 순간에서도
이 손 잡아 주세요
나 노래하리이다

네가 맡은 일...
해야 할 일...

그것 때문에
힘들고 걱정된다고...
그래서 어떻다는 거야?
저 팽귄을 봐줄래?

아무 것도 먹지 못하고
그 극심한 추위 속에서도...
저렇게 자신의 일을 묵묵히
해나가고 있는 걸...
그것도 기쁨으로 말이야.

너의 일에 걱정보다는 기쁨과 희망을 품어,
그제서야 비로소

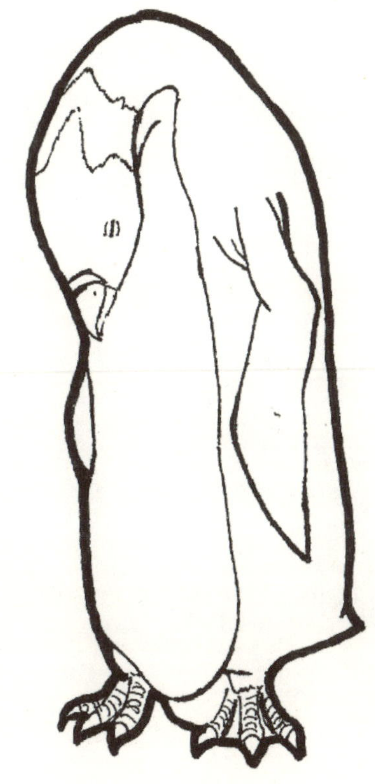

감사를 드릴 수 있을거야.

'당신에겐 무엇이 부족한가?'

글쎄... 뭔가 부족할까?
만족하지 못하는 우리는 이젠...

주님 은혜면 족합니다 하는
그런 고백이 필요하지 않을까?

저 새끼 코끼리에게
필요한 건
엄마 코끼리 밖엔 없잖아?
우리에게 필요한건
아버지 한 분 뿐이니깐...

'다른 어떤 것이 없어도 당신이면 충분합니다.'

자라나는 것...
노력이 아니야.

부으심이야.
언제가부터
갈라지는 고통 속에

커져가는 나무처럼

정규진 II ǀ 31

언제가 부터 시작된
공허가... 고난이...
너를 더욱 커가게 할거야.

네가 공허 속에 사랑을
고난 중에 은혜를
그리고 감사를...
느끼면서 말이야.

공허함과 고난도 하나님이 부어 주시는 거야.
그속에서 더 커가는 널
기대하면서 말이야.
공허가 너를 하나님이 그립도록
고난이 너를 하나님 앞으로 나아가도록 할거고...
그것 또한 하나님께서 기뻐하실거야.

보이지 않는 분을 찾기란
모래사장에서 바늘 찾기보다 힘들어

우리옆에 함께 계신다던
주님을 찾기가 너무
힘들 때...
주님이 너를 만나 주시지 않으실까?

아니 그렇지 않아

너가 가장 잘 보이는 곳에서

너를 바라보시며

너를 항상 생각하시지

게다가

너를 만나고 싶어하시고...

그분은 너의

모든 것을 알고 계셔

언제나 함께 하시니까...

꼭 모든 걸 이해해야 해?
다 몰라도 이해 못해도

그게 그렇게 중요한 건 아니잖아?

서로를 이해 못해도
그것이 서로를 미워하는 요인이 되어서는
안 되잖아?
서로 달라도 함께 할 수 있어

함께 해야 할 수 있는 거니까...

어디서 혼자있던 내게 들려온
익숙한 음성...
　'물감 좀 가져 올래?'
그거 알아?
주님께서 우리의 삶을 그려 가신다구!
기대해봐!
너가 걸어가는 삶이 아닌
하나님이 그려가는 삶을 말이야...

오직 순종...
그림이 완성 될 때까지...

아직도 난 아름다워질 미완성이니까!...

그렇게
내가 날라야 할
수천가지 물감을 다 쓰고 난 뒤에...

나도 그 하나의 작품을
보고싶어...

그분 옆에서 말이야...

가끔은 조용히
모든 걸 내려 놓자!

주님께 맡기고
나를 위해 하는 핑계 따윈 버리고

평온한 마음으로

감사로 살아가자!

살아남아!

끝까지 말이야
해가 뜨면 가젤은 살기 위해 달리고
해가 뜨면 치타도 살기 위해 달리잖아?
치타든, 가젤이든, 생명을 위해 달린다면
나도 생명을 위해

달릴꺼야!

그치만 거기에도
한계가 있어

너안에 있는 열정과 패기...
그치만 그건 한순간이야.
생명을 위해 달려가되
생명을 가지고 달려...

우리의 믿음의 경주는

아직 끝나지 않았어

아, 주님
이제 조금 알 것 같아요.

그런데요...
조금 더 알게 되니까
더 모르겠어요. 주님
당신께서 시작하신

그 계획을 완성하소서...

습관...

언제 부턴가
나에게 별난 습관 하나가 생겼다.

답답할 때...
아무 이유없이 힘들 때
손에 일이 잡히지 않을 때

그땐 정말
주님이 나와 얘기하고
싶다는 신호가 아닐까?

그때 나는
가장 높은 곳으로 찾아간다

그곳에선
볼수 없는 것들을
볼수 있고,
들리지 않던 것들을
들을 수 있다.

더 놀라운건
그분과의
대화조차도

어렵지 않다.

가장 높은 곳에서

하나님을 만난다는 것,
하나님을 생각한다는 것,
얼마나 행복한 일인가?

하나님이 원하시는 가장 최선의 것을
드리는 것이
바로 하나님을 만나는 것이다.

하나님과 그 마음을 공유하는 것이다.

하나. 하나.

주님의 임재하심에 맡기라
내 깊은 문제까지 관여하시는
주님의 임재를 느끼길...

임재속에서
주님을 위해 살아왔던 삶에서
주님과 함께 이뤄가는 삶으로

변화될 것이다.

끊임없는 만남...

때르르릉

틱!
아침이다.
　'주님, 안녕하세요?'
이것이
내 삶의 소원이다. 주님과 함께...
하루를 동행하는 것 그러나
나는 인사는 커녕
간단한 눈웃음조차 짓지 않는다

그렇게 주님께 나는 매일 인사조차 제대로 하지 않았다.

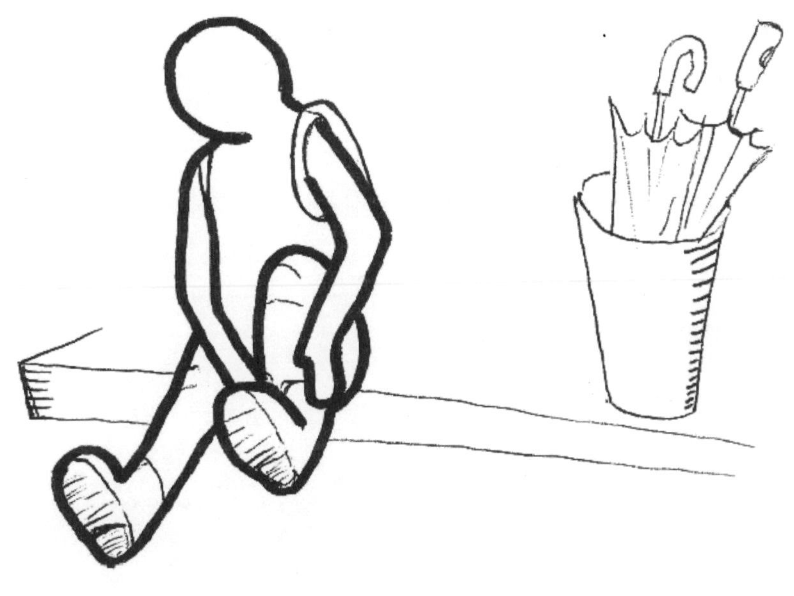

길을 나서고서야 느낀다
나홀로 걷고 있음을…

나는 나의 한치 앞도
보지 못한다는 사실을

그때 누군가 날 부른다.

"아들아" 하고…,

그순간이 얼마나 행복하던지...
난, 주님을 만나려 하지 않았는데
오히려 그분이 내게로 오신다

끝없는 만남...
그것이 동행인 것 같다.

'아버지!'
이게 내가 할 수 있었던 말의 전부다.
너무 감사해서,

너무 기뻐서 다음 말이 나오지 않는다.

감정...

나는 '왜 주님 도와주세요?' 를 하지 못할까?

나는 '함께 해 주세요' 를
 '혼자 있고 싶어요' 라고 할까?
난 왜 이렇게 답답한 인간...이던가?
그러나

주님은 기다리신다.
우리의 감정을 아시기에...

막, 주님을 찾으려던 순간에
주님이 내게 먼저 말을 거신다.

"무슨 일 있니?"

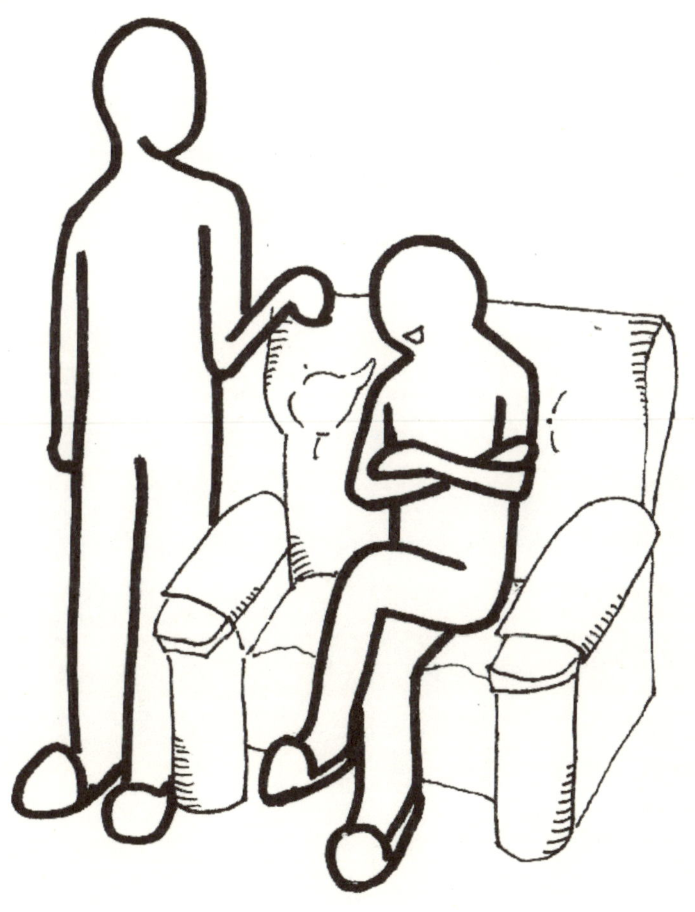

그 감정이 뭐길래 내 옆에 계신
주님을 보지 못하게 한단 말인가?

막 말하려던 순간,
평소에 잘 느끼지 못한
주님의 사랑 때문에
고개를 들 수가 없었다.

너무 죄송해서...
너무 고마워서...

 '알았다 아들아, 울지마렴,
같이 산책이라도 하잤구나'
내 감정이 어떻든지 주님은 나를 사랑하신다.

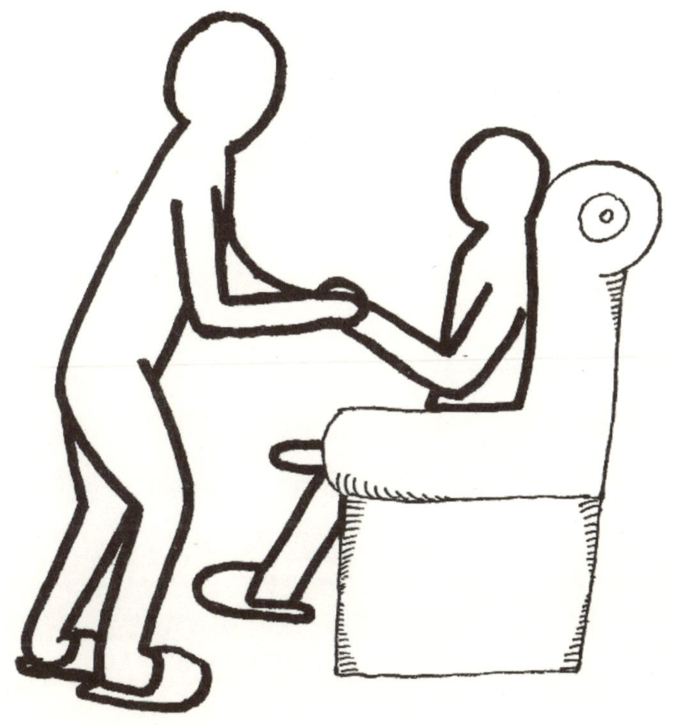

그러기에 기쁘지 아니한가?

주님이 기뻐하시는 것...

그때가 언제더라?
하나님을 너무나 기쁘게 해드리고
싶었던 때...

그래서 무작정 내가
할 수 있는 것을
성심 성의껏 만들었다.

주님께 드리려는 그순간이
얼마나 기대가 되던지...

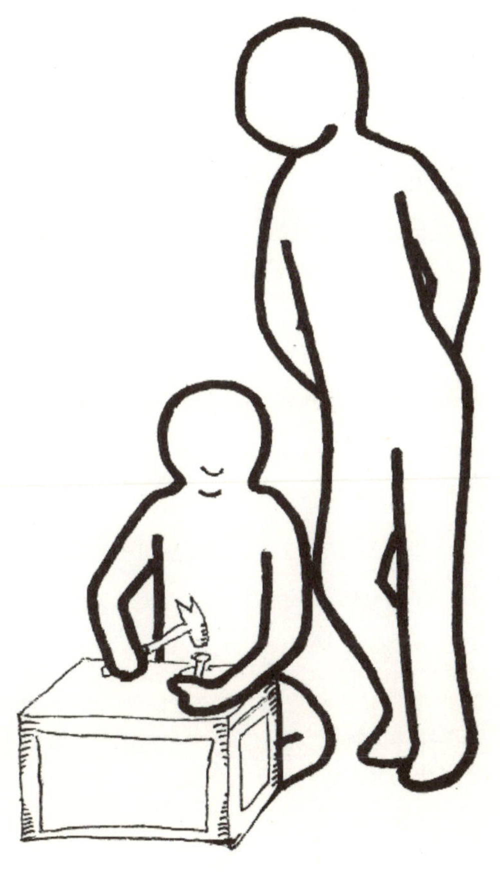

나는 그것을 주께 드렸다.
  '주님, 이거 제가 만든거예요
이제 기쁘시죠?'
뿌듯함이 밀려 왔다

하지만 그것도 잠시...

  '고맙구나...'
그게 다였다.

그것도 씁쓸하게 웃으시면서.
곧 내머리를 쓰다듬으시며

말씀하셨다.

'나는 너의 행동과는
상관없이…
너로 인하여 즐겁단다.'
그제서야 깨닫는다
아, 난 얼마나 교만한 존재던가?

주님은 …
사고치는 아들도 사랑하시고,
0점 받은 아들도 사랑하시는 분이시다.
그리고 그 아들로 말미암아 기뻐하신다.
하나님이 기뻐하시는 건

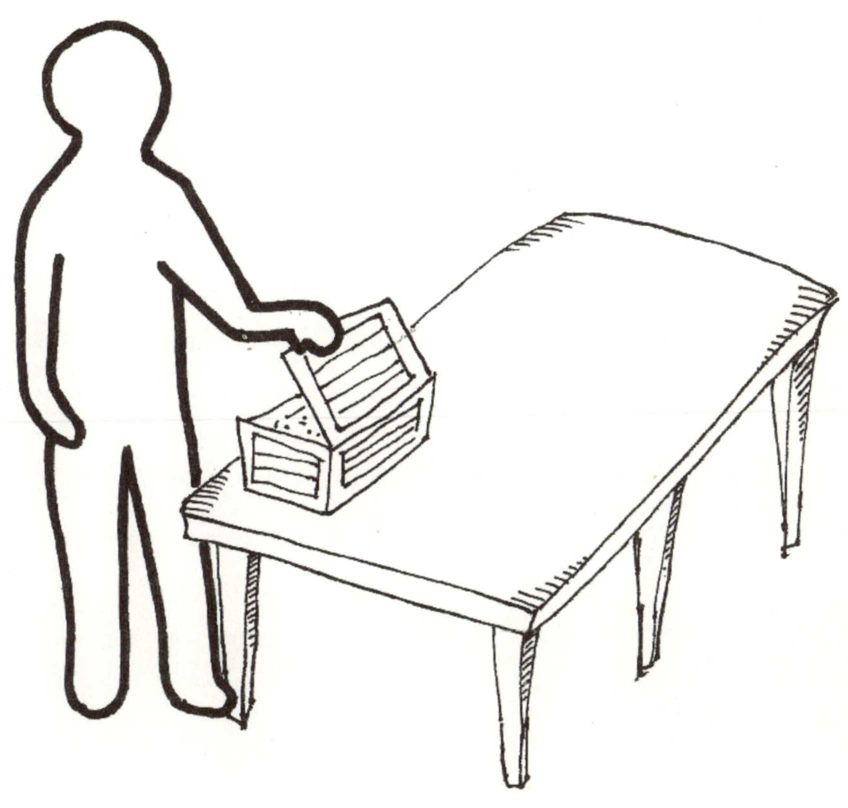

우리의 존재, 그 자체이다.

저 너머에...

거의 정상이다...
이 언덕만 넘으면...
끝이다.

  '다 왔구나'

주님, 드디어 다 왔군요.

아... 끝이다.

정상이다

‘끝이라면서요?’
속은 것이다. 앞으로 갈 길은 멀다.

첫번째에 넘은 언덕은
수많은 언덕중 하나다.

‘끝이지... 이번 언덕은.’
틀린 말은 아니였다.

그렇게 언덕을 넘고 넘으면
뭐가 있죠?’
...?

‘저너머에... 너의 삶에 이유가 있단다.
빨리 넘어 가겠구나’

그렇게 또 하나의 언덕을 넘어 간다.

언덕을 넘어 갈 때 마다
임재하시는 그 주님을
함께 하시는 주님을...

힘든 가운데 기뻐할 수 있는 건
주님의 그 한마디 때문이다

'함께 가자...

 저너머의 곳으로'

당신은 그 곳을 알고 있는가?

두려움...

아, 새벽안개가 얼마나 짙은지는
길을 잃어 버렸었다면 다 알것이다.
해가 뜨기전...
가장 어두울 그때 안개가 내린다.
서서히... 서서히...

그렇다
난 그때 길을 잃었다.
그 어떤 표지판도 보지 못했다.

  '길' 을 잃었다.
  '길' 을 헤매이는 것...

아마 이순간이 두려움의 시작이지는 않은가?

'아들아!
아들아! 돌아와!...'
두려움 속에 주님이
부르셨다
'길'을 다시 발견하라고...
길을 잃을 때...
목자의 음성에 귀기울인다.
그때에
나의 울먹임이
미소로 바뀌며...

두려움조차도
안개처럼 사라진다.

주님의 음성과 함께...

오늘도 내 길을 비추는 해가 뜬다.

대화...

사람들은 항상 뭔가를 품고산다.
뭔지는 잘 모르겠지만 말이다.

가끔씩 품고 있는 걸 나누는데
나는 그걸   '대화' 라고 부른다.

신기한건 주님은 우리와
  '대화' 하길 원하신다는 것이다.
다시말해...
나누는 걸 원하신다.

  '그게 뭐니?'
주님이 물으신다.

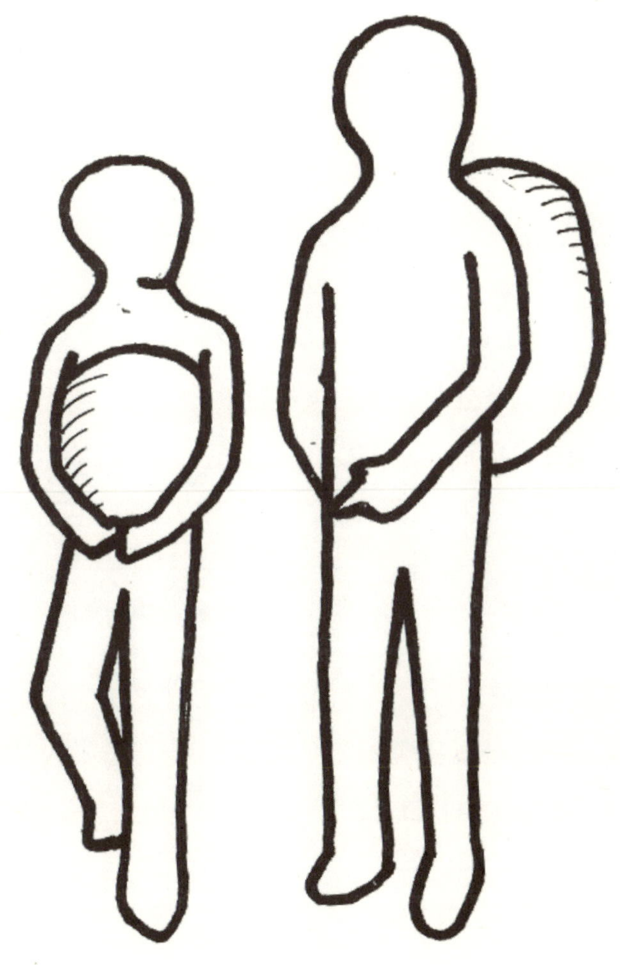

그때 나는 알았다
솔직하게 나누는 것.

거기서 부터 대화가 시작된다는 것을...

'이거...'
뭐든간에 주님께 보여드려라
 '받으렴, 그건 나주고 말이야.'
내가 내 문제를 나눌 때 주님은
해결책을 주신다.
내가 걱정을 나눌 때 주님은
평안을 주신다.
내가 무엇을 나누든
품고 있던 것보다 더 좋은 것으로
주님은 우리를 채우신다. 그리고...

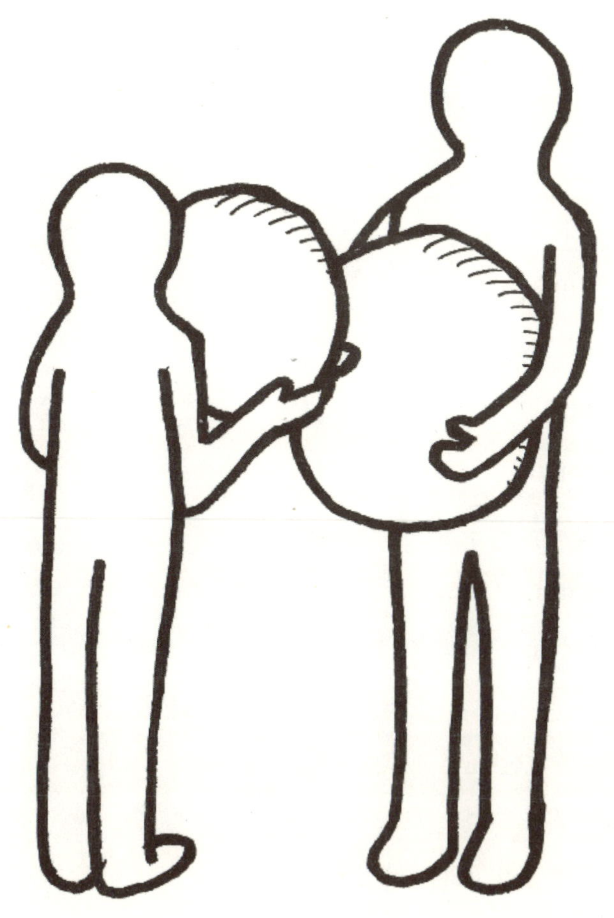

주님은 우리와 대화하시길 원하신다.

고소...

아... 부끄럽다.
검사가 나를 비웃고 있다.
검사측 증인은 나를 야유하고 있다.
'우~우' 하고,
기억조차 나지않고
말할 수 없는 잘못들...
너무나 사소하다고?
그 형벌의 대가는 참혹하다.

검사는 이렇게 말한다.
'...등 이런 죄를 지었으므로
그 댓가로 사형을 요구하는 바입니다.'
그렇게 말한 사탄은 숨 죽여 가며 웃는다...

그래, 어쩌면 그게 맞는 건지도...

그 형벌의 대가는 참혹하다.

'도대체 이유를 모르겠군요'

잠자코 있던 변호사측에서
목소리가 들려온다.
  '기록된바... 그리스도 예수 안에 있는
속량으로 말미암아
하나님의 은혜로 값없이 의롭다
하심을 얻은자 되었느니라'

사탄은 말이없다.
세상은 더이상 야유하지 못한다.

  '이 죄는 이미 십자가에서 재판되었다.
무죄를 선포한다.' 땅! 땅! 땅!
판사가 말한다. 변호사는
수갑을 풀고 못자국난 손으로 어루만져 주신다.

그리고 속삭인다.

주님의 음성을 들어보라...

'사랑한다...
아들아...'

'이 세상을 널 위해 힘쓰며 지을 만큼
십자가에서 죽을 만큼 사랑한다...'

심자가에서 죽을 만큼

이해...

'답답하게도...'
주님께서는 나를 안타깝게
쳐다보신다.

'아니, 이해할 수 없다니까요?'
나는 그 녀석을 가리켰다.

'저 녀석은 나랑 너무 틀려요'
나는 맞는데 그 녀석은 틀렸다는 것이다.

주님은 답답해 하신다.
그것도... 가슴아프도록...
'내가 다르게 창조했단다. 나를 위해서라도
내가 가르쳐준 사랑의 연주를 해주겠니?'

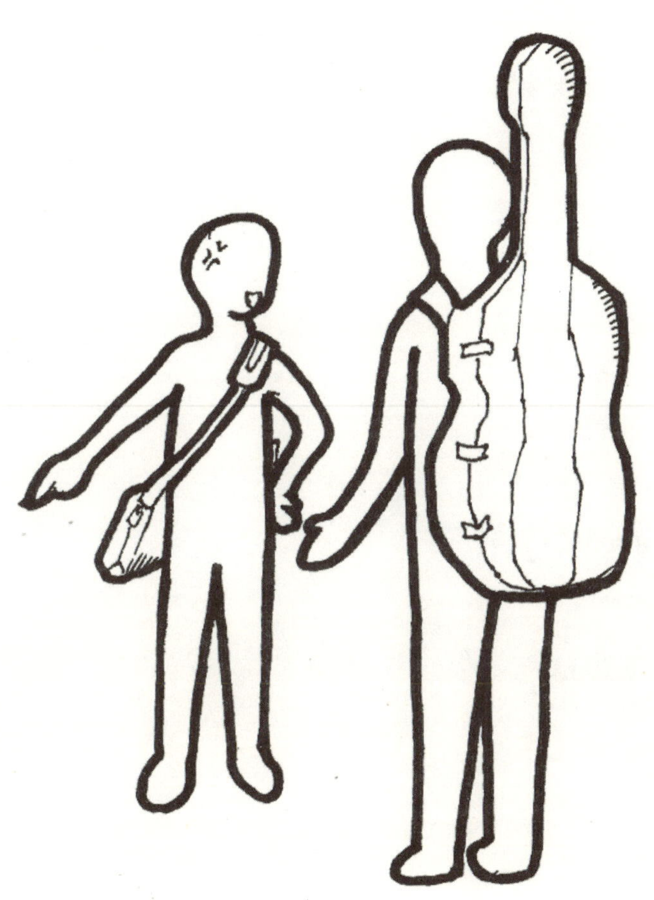

나는 여전히 이해할 수 없었다.
이 상황이 거짓말 같았다.

그래도...
나는 그 녀석에게로 갔다.
　'안녕?'...
어색한 한두 마디 후에
연주를 시작한다.

나중에야 안 일이지만
그 녀석 한테도
　'악기' 가 있었다.

나와는 나른...

참... 내 악기보다

더 아름답게 들렸다.

내가 낼 수 없는 소리를

그 녀석은 완벽하게 해 냈기에...

그리고 나는...

그 녀석이 낼 수 없던 음악을

해낼 수 있었다.

그렇게 아름다운 화음으로

서로의 다른 부분을

이해하며...

앞으로도.

그 녀석과 아름다운 연주를 해내고 싶다.

주님 들으시기에 아름다운 연주를...

허망...

아무 이유없이 기운이 없다.
왜일까? 뭐가 문제지?
주머니에 손을 집어놓고
하염없이 천장만 쳐다본다.

   '큭... 크크'

세상에 나라는 존재는
한명 뿐이다.
예수도 결국　'나'인 것은 아니다.
나란...
너무나 외로운 존재다.

너무나 허망한 존재...

'하늘에 계신 우리 아버지여…'

누군가 중얼거리며 내 옆으로 온다.

주님이시다

  '넌 더 이상 너가 아니야

나와 함께 하는 '우리' 인거야'

아! 난 더 이상 외로운 존재가 아니다.

주님은 나무…

나는 가지였다.

주님은 '나' 는 아니지만

  '우리' 인 것이다

허망한 가운데 주기도문을 외워보라! 거기엔 '나' 와 '주님' 이 계신다.

'나는 포도나무요, 너희는 가지라

그가 내 안에 내가 그 안에

거하니...'

주님은 또 말씀 하신다.

'나의 안에 거하라' 라고.

가짜...

뭐랄까...
머뭇거릴 수밖에 없었다.
 '저... 주님?... 굳이' ...
내 말이 끝나기도 전에 끊어 버렸다.
 '들어가야 겠다. '여긴' '내' 집이니까'

큰일 났다.
어제 남겨 놓았던 욕심.
어제 내 팽겨 쳐 높은 할 일들
마구 마구 넘쳐 흘렀던 분노와 시기...

나도 모르게 흘렸던 실수들...

주님의 집안...
성전을 마구 어질렀는데?

결국...

주님은 들어가신다.

끼익, 덜컹!

'흐음...'
주님은 크게 심호흡하셨다.
난 가짜다.
안을 꾸밀 줄 모르고 바깥만 꾸민...
그래서 내 안을 보면 사람들은
흔히들 '가식' 이라고 말한다.

그러나...
내 안에 진짜가 들어왔다.
 '청소하자꾸나...
이젠 내가 편안히 거할 수 있도록
단순하고, 깨끗하게 말이야...'
나는 기대한다.
시간이 흐르고

가짜에서 진짜로 바뀌어 갈 것을...

기대어 앉기...

기억 나는가?
나에게 별난 습관이 있었고
내 감정때문에...
가끔...
주님과 함께
산책을 나선다.
 '쉬었다 가자꾸나'
주님이 말씀하신다.
그리곤 그루터기에 앉으신다.

그때, 난 알게 되었다. 잘려진 나무의 가치를...   '아들아!'

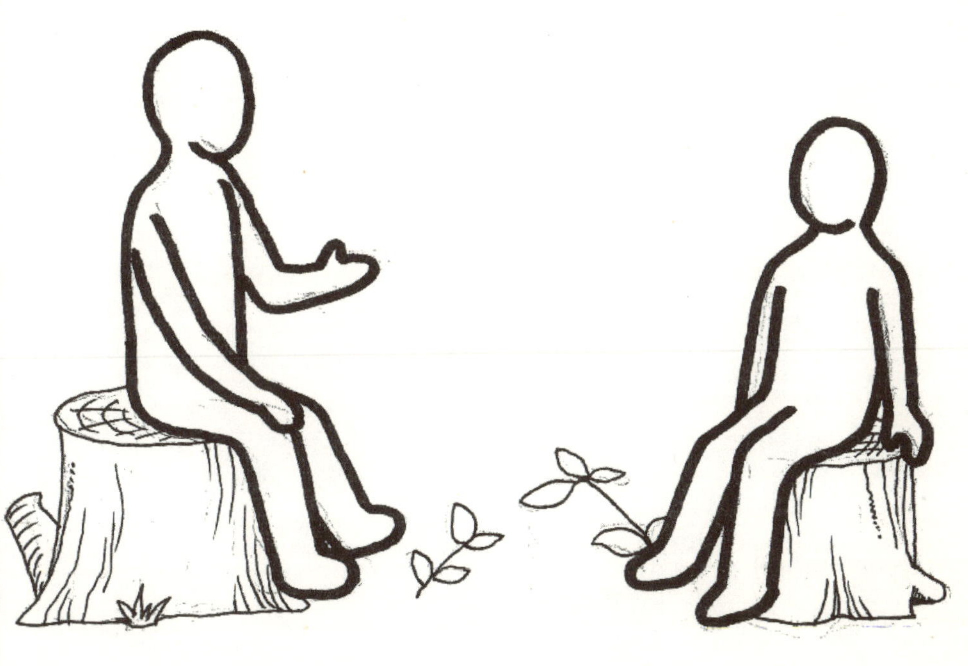

'때론...
상처가 어떤 ㅠ이들의 쉼이 된단다.
너의 잘려나가 남은
상처가 기대어 앉을 수 있는
'자리'가 된단다.
나의 아픔으로...
나의 찢김으로...
나의 상함으로...
... 나의 섬김으로
너와 너희의 쉼이 된단다.
구원이 되었단다.'

'너의 아픔이 그저 너의 아픔으로 끝나지 않았으면 한다.'

Epilogue

아무것도 보이지 않을 때... 그때 느낄 수 있는 것...

때로는 외로워도

외롭지 않은 척 즐거워 보이려 한다.

때로는 갑갑해도, 따분할 때도

갑갑하지 않은척 자유러워 보이려 한다. 또,

그렇게 바뀌려고 노력한다. 그렇지만...

그렇게 하지 않아도 괜찮다.

외로우면 외롭게

굳이 즐거움의 색소로 물들일 필요는 없다.

갑갑하면 갑갑하게

따분하면 따분하게 살아가는 것

그게 이상한 건 아니지 않는가? 그러나 포기하지 않는다.

내 존재를, 상황을 부정하지 않는다.

그럴 때마다

나의 상황, 감정을 담아 편지를 쓴다.

원망도 좋다. 미움도 좋다.

희망도 기쁨도 우울함도 좋다.

솔직하기만 하면 주님께서 기뻐하시니깐...

그렇게 주님께 의뢰한다.

　'주님, 저 사실 이 상황이 이해가 가질 않아요'

주님을 보자말자 난 그렇게 편지를 건낸다.

어제...

하루종일 기도한 편지를 써내려 갔었다.

준비된 기도... 그저 나오는 기도보다

더 깊은 의뢰... 어찌되었든

주님은 기다리던 그 편지를 읽으신다.

나의 최고의 치료자께선 그것을 너무나 기다리신다.

'그래...
마음이 답답하고
상처는 깊어만 가고
한숨만 내쉬고...
아무것도 보이지 않아
아무것도 하질 못하겠다...'
찬찬히 그 기도를 읽어가신다.
이미 알고 계셨던 그 편지를
읽고 읽고 또 읽으신다.
내가 이렇게 말하면,
  '미래는 어둡고... 보이지 않아요
주님께서 함께 하시는 건
알겠는데... 들리지 않아요.
이 역경을 이겨내고 가야하는데
그럴 힘이 없는데요?'
  '언제나' 처럼 주님은 말씀하신다.   '내가' 이미 '다 이루었다'

'네? 뭐라고요?'

어이가 없었다.

내 문제는 해결되지 않았는데?

아직도 볼 수가 없는데?

'넌 가만히 있어

주가 여호와 됨을 알지어다.'

주님은 그렇게 또 다시 말씀하신다.

'나를 보내사 마음이 상한 너를 고치며,

포로된 너에게 자유를,

갇힌 너에게 놓임을 선포하며

슬픈 너를 위로하게 하셨단다.

너의 마음이 상하기 전부터 말이야

이게 은혜고,

난 이것을 완성했다.'   '이미 너를 고쳤단다.'

‘해결되었으면

해결된 것처럼 살아

고침을 받았으면

고침받은 것처럼 살아

사랑과 은혜를 받았다면

너도 값없이 나누어 주렴 나처럼 말이다.’

그리고 진료는 끝났다... 우리는 함께 돌아간다.

병이 걸리기도 전에

치료제는 이미 내 손에 있었다.

믿음으로 그것을 취하면 낫겠지...

독수리 날개 침 같은 힘을 다시금 얻을 것이다.

혹시 당신도 나처럼 보이지 않는가?

앞 길이 막막하고 힘든가?

다른 어떤 것을 보지 못하더라도
보이지 않는 곳에서 잠잠히
주님만 바라보라…
주님을 만날 때…
당신이 맹인이더라도
이젠 보게 될 것이다.

당신이 귀머거리더라도
이젠 듣게 될 것이다.
힘이 없을 때 힘이 생긴다.

보이지 않아도
느낄 수 있는 주님의 손길은
보이지 않는다고 없는 것은 아니다.
모든 걸 이루신 주께 감사하며
고침받은 자처럼 살기위해…

목자를 찾으라

묵·상·일·기 ❷

나와 함께 하시는 목자

정규진 지음

초판 1쇄 인쇄 / 2013년 12월 24일
초판 1쇄 발행 / 2013년 12월 30일

발행처 / 도서출판 세줄(등록번호 2-4000)
　　　　서울시 중구 인현동 1가 115-1 정산B/D 305호
　　　　☎ 02)2265-3748~9
총　판 / 선교횃불 ☎ 02)2203-2739
　　　　FAX. 2203-2738

값 10,000 원

ISBN 978-89-92211-85-7　　03230